AF357133

CONGRÈS INTERNATIONAL

D'HYGIÈNE ET DE DÉMOGRAPHIE

A PARIS EN 1889

SIXIÈME QUESTION

De l'Assainissement des Ports

RAPPORT

Par M. le Docteur PROUST

*Professeur d'hygiène à la Faculté de médecine de Paris, inspecteur général
des services sanitaires, etc.*

PUBLICATIONS DES *ANNALES ÉCONOMIQUES*

CHALLAMEL ET Cie

5, RUE JACOB, ET RUE FURSTENBERG, 2

PARIS

CONGRES INTERNATIONAL D'HYGIÈNE ET DE DÉMOGRAPHIE

SIXIÈME QUESTION

DE L'ASSAINISSEMENT DES PORTS

Rapporteur : M. le Docteur PROUST

Professeur d'hygiène à la Faculté de médecine de Paris, inspecteur général des Services
sanitaires, etc.

I. — L'assainissement des ports est un des sujets les plus impor-
tants que puisse aborder un congrès d'hygiène.

A cette question s'en trouvent liées plusieurs autres qui offrent
aussi un grand intérêt :

1º La salubrité du port;

2º La décroissance de sa mortalité ;

3º La diminution du danger que présente le port, relativement à
l'importation des maladies exotiques.

La diminution et même la suppression des quarantaines.

L'assainissement d'un port s'impose plus que l'assainissemen
d'une ville quelconque.

Les habitants des ports, en effet, sont plus exposés à la contagion
des germes morbides.

Aussi les habitants des ports doivent suivre d'une façon plus
rigoureuse que les autres toutes les règles d'hygiène ; ils doivent
être plus vaccinés, plus revaccinés, car la statistique établit qu'il
existe dans les ports un plus grand nombre de varioles que dans les
autres villes.

Les faits d'importation de cette maladie à Marseille, à Saint-Nazaire, au Havre, à Dunkerque, etc., sont relativement fréquents.

En Allemagne, où la morbidité et la mortalité varioliques sont devenues presque nulles depuis la loi de la vaccination et de la revaccination obligatoires, ce n'est plus que dans les ports qu'on observe de temps à autre quelques cas de cette maladie.

Par les mesures d'assainissement et de désinfection prescrites au point de départ et pendant la traversée, nous avons eu pour but de rendre inoffensifs les navires et les passagers provenant de pays contaminés.

Depuis que ces mesures ont été exécutées, nous n'avons vu la fièvre jaune ou le choléra à bord que dans des circonstances tout à fait exceptionnelles, et alors que des fautes avaient été commises dans l'exécution des mesures prescrites.

Grâce à ces moyens, les quarantaines ont été notablement diminuées; et, pendant tout le cours de l'année 1888, le lazaret du Frioul n'a pas été utilisé un seul jour, ce qui ne s'était encore jamais vu.

Si donc, le commerce et les compagnies de navigation veulent voir renverser les dernières entraves restrictives, ils doivent, dans l'intérêt de la santé publique, substituer aux garanties que donnaient les anciennes quarantaines, des garanties équivalentes, et, par la sincérité de leurs déclarations, et par les soins qu'ils mettront à faire exécuter les mesures d'assainissement et de désinfection, soit au point de départ, soit pendant la traversée.

Mais il est toujours possible, comme conséquence d'une faute commise ou d'un manquement aux règlements sanitaires, il est toujours possible, dis-je, qu'un cas de choléra ou de fièvre jaune soit importé.

Pour prévenir les conséquences d'une semblable importation, il faut s'efforcer de rendre le terrain réfractaire à la pénétration et à l'éclosion des germes morbides.

Il est donc nécessaire d'améliorer et de perfectionner les conditions d'hygiène des ports.

Et de même que le pansement propre a diminué dans une large mesure la mortalité résultant des opérations chirurgicales, de même les mesures de propreté et d'assainissement des ports diminueront, dans une même proportion, la mortalité générale et principalement la mortalité par maladies infectieuses.

Cette nécessité se trouve justifiée par l'étude de la marche des épidémies cholériques et des caractères différents qu'elles ont présentés suivant les conditions hygiéniques des diverses localités.

J'ai pu dire avec raison que la façon dont se conduit le choléra dans une ville est le réactif de sa salubrité. Fauvel avait déjà exprimé une idée analogue sous une forme saisissante : « Un incendie n'est pas proportionné à l'étincelle qui lui a donné naissance, mais à la combustibilité et à l'agglomération des matières qu'il rencontre. »

Si l'assainissement des ports a une importance si décisive pour empêcher le développement des maladies exotiques, combien cet assainissement devient-il encore plus nécessaire, s'il est possible, lorsqu'il s'agit d'empêcher la naissance et la propagation des maladies autochtones ou acclimatées.

Je citerai comme exemple la fièvre typhoïde.

D'ailleurs, la question de l'assainissement des ports est aujourd'hui à l'ordre du jour. Un certain nombre d'entre eux travaillent à leur assainissement. Une de nos premières cités et notre premier port, Marseille, vient de présenter au comité d'hygiène, un plan d'assainissement dont le comité a voté le principe au point de vue de l'hygiène.

Il est du devoir du gouvernement et des municipalités, armées par la loi de 1884, d'imiter cet exemple, et de même que l'importation des maladies exotiques est la faute de l'inobservance, à bord et au point de départ, des moyens d'assainissement et de désinfection, de même la naissance et le développement des maladies infectieuses, dites autochtones, dans une localité, n'est que la conséquence de l'inexécution des règles les plus élémentaires de l'hygiène et de la salubrité.

Les heureux résultats de cet assainissement ne se feront pas attendre et on peut les prévoir d'une façon presque mathématique. Il est donc du devoir strict des municipalités de procéder immédiatement à l'assainissement des ports. Elles encourraient une grande responsabilité si, fixées sur les moyens de diminuer la mortalité générale des habitants dont elles ont la charge, elles n'employaient tous leurs efforts à mettre en pratique immédiatement les conseils qui leur sont donnés.

C'est là d'ailleurs un intérêt tout à fait démocratique, puisque c'est surtout parmi les classes deshéritées que sévissent les maladies infectieuses.

J'ajouterai que les ports sont solidaires entre eux, et cette solidarité n'existe pas moins pour eux que pour les citoyens d'une même ville et les habitants d'une même maison.

Si un citoyen ou une ville manquent aux lois de l'hygiène, ils deviennent un danger pour leurs voisins, et les cités du même pays, et les ports des autres états, en créant un foyer qui peut devenir le point de départ d'une irradiation dangereuse.

Ainsi donc, chaque citoyen a intérêt à ce que non seulement sa maison, mais la ville qu'il habite, mais encore toutes les villes, tous les ports de son pays et les ports étrangers, soient débarrassées des foyers de malpropreté séculaire dans lesquels n'ont jamais pénétré ni l'air, ni la lumière.

II. Tout port comme toute ville doit satisfaire, au point de vue de son assainissement, à deux conditions fondamentales.

Il doit recevoir en quantité suffisante une eau potable à l'abri de toute souillure, et il doit écouler sans arrêt ni stagnation possible et rejeter au loin, avant toute fermentation, les matières impures et les eaux usées de la vie et de l'industrie.

Or, que voyons-nous dans un certain nombre de ports, pour ne pas dire dans la plupart?

Des conditions hygiéniques très défectueuses et une eau potable qui n'est pas à l'abri de toute souillure.

Souvent la maison est insalubre; des cabinets d'aisances sont sans effet d'eau, et en communication directe avec l'égout ou avec les fosses.

Des vidoirs ou plombs sans siphon reçoivent quelquefois des matières excrémentitielles.

Au point de vue des systèmes de vidange, nous voyons des fosses fixes, mal construites et non étanches, laissant filtrer jusqu'à la nappe souterraine les matières organiques et les germes infectieux.

Des fosses mobiles et des tinettes mal installées; des puisards qui s'ajoutent aux fosses pour empoisonner le sous-sol.

Des tinettes filtrantes.

Des écoulements directs à l'égout, par des canalisations le plus ordinairement mal construites, mettant l'habitation en contact direct avec l'atmosphère viciée de l'égout.

Des ruisseaux ou des caniveaux, recevant quelquefois directement les matières usées de la maison et présentant ce qu'on a appelé le *tout au ruisseau*.

Quand il y a des égouts, ils forment le plus ordinairement un réseau incomplet établi au jour le jour, présentant des types d'une diversité infinie avec des radiers plats, sans pente, sans appareil de chasse et laissant les liquides stagner.

Enfin, le service public ne dispose pas toujours de moyens suffisamment appropriés pour le curage des égouts et l'entraînement rapide des eaux usées.

Lorsque le choléra se montra en Europe en 1884, le *Local Government Board* ouvrit une enquête sur l'état de la salubrité des ports de l'Angleterre.

Cette enquête fut reprise en 1885, complétée, étendue à tout le littoral, notamment à ceux qui entretiennent les relations les plus actives avec les pays les plus contaminés, à ceux qui avaient été particulièrement éprouvés par le choléra de 1866, et enfin à ceux où la fièvre typhoïde et la dysenterie sont habituelles, la vulnérabilité d'un pays à l'égard de ces deux maladies semblant donner la mesure de ce qu'elle serait à l'égard du choléra.

Cette enquête fut confiée aux hygiénistes les plus distingués de la Grande-Bretagne.

Deux rapports d'ensemble ont été rédigés, l'un par le docteur Ballard, en ce qui concerne l'hygiène urbaine et rurale, et l'autre par le docteur Blaxall, pour les ports et pour les districts sanitaires côtiers.

L'enquête faite méthodiquement, suivant un plan et avec un questionnaire donné, a porté sur les points suivants :

I. — *Pour la ville.*

1º Propreté des rues et des cours;
2º Égouts;
3º Latrines et vidanges;
4º Éloignement des immondices;
5º Approvisionnement en eau de boisson;
6º Salubrité des habitations pauvres;
7º Densité des maisons;
8º Encombrement des lieux habités;
9º Activité du conseil sanitaire, de son agent médical et de l'inspecteur de la salubrité;
10º Ressources pour l'hospitalisation;
11º Appareils de désinfection;
12º Mesures spéciales prises en vue du choléra.

II. — *Pour les ports.*

1º Quels sont les pays avec lesquels le port entretient des relations commerciales?

2º Quel est le mouvement annuel du port?

3º Y a-t-il un agent médical et quelles sont ses attributions?

4º Y a-t-il un agent de la salubrité et quelles sont ses attributions?

5º Existe-t-il un hôpital d'isolement?

6º L'inspection des maisons s'y fait-elle en exécution du *Public Health Act.*

Sans doute l'état sanitaire de l'Angleterre s'est beaucoup amélioré depuis une vingtaine d'années. La canalisation pour les eaux d'égout a fait de grands progrès depuis 1866 dans les villes, dans les grandes villes surtout; elle laisse encore beaucoup à désirer dans beaucoup de petites villes et de villages; les progrès ont surtout été lents pour l'évacuation des matières de vidange.

Sans doute les amenées d'eau ont pris dans presque toutes les villes la place des puits, mais il subsiste encore bien des *desiderata* en ce qui concerne la qualité des eaux et les pollutions auxquelles elles sont sujettes durant leur trajet.

Dans les districts ruraux, les locaux sont en général déplorables. Les logements insalubres abondent aussi bien à la ville qu'à la campagne.

Les autorités transigent, avec une indulgence excessive, avec les intérêts des propriétaires.

On pourrait mieux assurer l'aération des maisons, les préserver de l'humidité, etc.

Mais ces points essentiels sont négligés, non seulement à la campagne, mais dans les quartiers pauvres des grandes villes.

L'enquête a prouvé que quoique l'Angleterre poursuive depuis cinquante ans son œuvre d'assainissement avec beaucoup de méthode et de sacrifices, cette œuvre est loin d'être achevée; cette enquête a mis à nu bien des plaies, elle a prouvé que partout il y a des municipalités réfractaires aux dépenses demandées pour l'assainissement, des conseils sanitaires s'acquittant avec tiédeur de leur mandat, des logements insalubres et des propriétaires avides.

III. — La première condition à remplir lorsqu'on veut assainir un port, est de déterminer d'une façon exacte, son état sanitaire actuel.

Tout port suppose une ville, il y a donc à étudier et les conditions sanitaires de la ville et les conditions sanitaires du port proprement dit.

Ces conditions étant nettement posées, les *desiderata* étant nettement établis, il suffira, grâce à l'application de certains principes extrêmement simples, de remédier aux défectuosités signalées.

1° *Assainissement de la ville. — Sujets d'étude. —* La *situation, l'altitude, l'orientation,* la *configuration, l'assiette géologique* et *hydrologique* ne peuvent sans doute pas être modifiées ; mais la connaissance de ces conditions est nécessaire pour les indications qui doivent être données relativement à la *fondation des maisons,* le *revêtement de la chaussée,* la *construction des égouts,* etc.

L'état des *rues* et des *trottoirs,* leurs dimensions, le nombre des rues de différents ordres, leur pente, la forme de la chaussée, la nature de leur revêtement doivent être précisés.

L'état des maisons est encore plus important à connaître, mais ce qu'il faut surtout noter dans l'étude des maisons, c'est le *mode d'évacuation des matières usées.*

Une autre question également importante consiste dans la description complète du système *d'égouts,* leur longueur, leurs dimensions, leur profondeur, leur forme, leur pente, leur mode de construction, leurs bouches ; mais surtout leur mode de communication avec les maisons.

On devra également rechercher comment a lieu l'écoulement des liquides par l'égout, s'il y a des chasses d'eau et si la cuvette peut être et est convenablement curée.

L'attention devra aussi se porter sur l'état des dépendances de la ville, les établissements publics (*lycées, casernes, cités ouvrières, prisons,* les *halles* et *marchés,* les *abattoirs,* les *industrie incommodes et dangereuses,* enfin les *cimetières.*

Avec le mode d'évacuation des matières usées, la question qui a le plus d'intérêt pour bien apprécier l'état sanitaire de la ville, consiste dans la connaissance de *l'approvisionnement des eaux publiques.*

La quantité d'eau par habitant, mais surtout la *qualité des eaux* et leur origine (sources, citernes, rivières, canaux, puits), enfin l'aménagement et la distribution des eaux.

Dans le cours de son séjour aux Indes, M. Koch a trouvé le bacille du choléra dans l'eau d'un étang autour duquel s'étaient produits de nombreux cas de choléra.

Depuis, MM. Nicati et Rietsch ont constaté quatre fois par la culture la présence du bacille virgule dans l'eau du vieux port de Marseille.

Je n'ai pas à rappeler le nombre de cas où le bacille de la fièvre typhoïde a été trouvé dans les eaux.

A cette question se rattache l'étude des rivières et des canaux, leur direction, la rapidité du cours, le régime des eaux, mais il faut surtout s'enquérir de la possibilité de la pollution des cours d'eau.

L'atmosphère urbaine sera étudiée au point de vue physico-chimique et au point de vue microbiologique.

L'entretien de la ville comprend :

Le balayage et l'enlèvement des immondices;

L'arrosage des rues;

L'enlèvement des boues et des neiges.

La *connaissance des maladies*, surtout des maladies endémiques et épidémiques, la mortalité qu'elles occasionnent, la mortalité absolue, la répartition de la mortalité par maladies, donnera également des indications importantes.

Le degré d'assainissement d'un port peut se mesurer par sa mortalité.

En prenant pour exemples deux ports qui nous intéressent particulièrement, nous constatons que la mortalité pour 1000 est de : à Toulon, 31 ; à Marseille, 32 ; et même, dans certains quartiers comme celui de l'Hôtel de Ville, elle s'élève jusqu'au chiffre de 47,4.

2° *Le Port.* — La mer peut devenir, dans certaines circonstances données, une source d'infection. Nous devons à ce point de vue distinguer les villes maritimes en deux classes : celles qui sont placées sur le bord des *mers à marées* et celles au contraire qui sont riveraines des *mers sans reflux* ou au moins sans reflux très appréciable.

Dans les villes de mer à marées, le flux apporte des matières organiques que la basse mer laisse à découvert.

Cette cause d'insalubrité s'aggrave encore de ce fait que les égouts s'ouvrent souvent à fleur de quai, au lieu de porter leur contenu assez loin par des canaux étanches.

Il y a là une cause d'émanations délétères, et quelquefois de fièvres putrides et de fièvres intermittentes.

Les villes sans marée ou au moins sans marée appréciable ont leurs abords toujours recouverts par l'eau, mais cet avantage se trouve largement compensé par les mauvaises conditions dans lesquelles se trouve le port dans certaines villes.

Les matières organiques qui sont jetées dans le port contribuent à y entretenir une fermentation putride, des plus nuisibles, surtout par les temps calmes et chauds.

Dans ces ports sans marée l'eau des darses et des bassins n'est pas renouvelée par des courants quotidiens et réguliers.

Aussi dans certaines circonstances le flux et le reflux peuvent être un précieux avantage pour la salubrité d'un port.

Au Havre, par exemple, les bassins sont à chaque marée, c'est-à-dire deux fois par vingt-quatre heures, en communication avec la mer. Pendant environ trois heures à chaque marée, il s'établit d'abord un courant d'entrée, puis un courant de sortie.

Ces mouvements périodiques amènent aussi le renouvellement régulier de l'eau des bassins. C'est un moyen puissant d'assainissement.

En outre, lors des grandes marées, des écluses de chasse établies sur plusieurs points permettent d'envoyer dans les égouts, au moment de la marée, des torrents d'eau.

IV. — Au lieu de présenter sur ce sujet des considérations générales, j'estime qu'il est plus pratique de prendre des exemples pour montrer comment doit être assaini un port.

Ne pouvant passer en revue tous les différents ports insalubres, je crois préférable de limiter mon étude à deux ports français, Toulon et Marseille. Cette étude spéciale me permettra d'aborder toutes les questions qui touchent à ce sujet.

ASSAINISSEMENT DE MARSEILLE

La question de l'assainissement de Marseille a depuis longtemps occupé la ville de Marseille, le gouvernement et les hygiénistes. C'est là une œuvre extrêmement importante, car la diminution de la mortalité à Marseille marchera de pair avec l'amélioration des conditions hygiéniques de cette ville ; et si, comme je l'ai déjà dit, l'on veut arriver à faire disparaître complètement les entraves quarantenaires, il faut créer dans nos ports un terrain réfractaire à la pénétration et à l'éclosion des germes morbides exotiques. L'assainissement de Marseille est donc non seulement une affaire municipale mais une affaire d'intérêt national.

La question se présente aujourd'hui sous les auspices les plus favorables. comme le dit le maire de Marseille, l'assainissement de cette ville est devenu la préoccupation constante de l'administration municipale.

Dès son entrée aux affaires, elle s'est empressée d'entreprendre l'assainissement du vieux port et du canal de la douane, en commençant à exécuter le plan dit des ingénieurs, mais son ambition va plus loin. elle ne voudrait pas se contenter de cet assainissement partiel ; elle voudrait assainir entièrement la ville et ses faubourgs, et diminuer ainsi le taux de la mortalité. qui dépasse malheureusement de beaucoup la moyenne des autres villes placées dans des conditions similaires.

Le taux de la mortalité à Marseille, pendant la période des vingt dernières années, a été de 32 pour 1000.

C'est un des chiffres les plus élevés. si on le compare aux autres villes de France et de l'étranger.

Toulon qui vient après a 31, le Havre 29, Brest 28, Saint-Pétersbourg 28, Bombay 28, Lille 25, Lyon 22, Berlin 24, Bruxelles 21, Londres seulement 19.

Et encore ce chiffre de 32 pour 1000 est de beaucoup dépassé dans certains quartiers. A la gare du Sud, il est de 35, au bassin du carénage 36,7, dans le quartier de l'Hôpital militaire 37,4, de l'Arc de triomphe 38, de l'Hôtel-Dieu 38,9, de l'Hôtel de Ville, 47,4.

Il faut aussi remarquer que Marseille vient de subir trois épidémies : deux de choléra, une de variole. qui ont fait 5,294 victimes.

Pour éviter le retour de semblables fléaux, l'assainissement de Marseille s'impose d'une façon absolue.

Quelques observations présentées par M. le Dr Mireur méritent encore d'être citées :

1º Dans le cours de l'épidémie cholérique de 1885, un décès se produisit dans une maison située à l'entrée du cours Lieutaud.

Bientôt et successivement, la rue Neuve, la rue Château-Redon, la rue de l'Académie, du Musée et surtout la rue Longue-des-Capucins furent atteintes. On eût dit que la maladie descendait sur ce versant au fur et à mesure que descendaient aussi les infiltrations souterraines.

2º Il y a trois ou quatre ans. existait dans la rue Mongrand, une pension bourgeoise à laquelle prenaient leur repas une trentaine de jeunes gens, pour la plupart âgés de vingt-cinq à trente ans.

Sept parmi eux furent dans l'espace d'un mois atteints d'une maladie infectieuse ; cinq succombèrent. Il fut reconnu qu'une fosse d'aisances mal étanche existait à quelques mètres du puits de la maison.

D'autres faits analogues, quoique moins graves, pourraient être également cités pour d'autres immeubles.

Les premiers cas de choléra constatés à Marseille, en 1885, l'ont été dans une maison qui, bien que située dans le centre de la ville, est remarquable par les mauvaises conditions d'hygiène qu'elle présente.

Au mois de juillet 1887, trois cas de la même maladie, dont deux suivis de mort, s'y sont encore produits ; c'est grâce à la fermeture immédiate du puits de la maison qu'il a été possible d'arrêter le développement de ce foyer.

Comme nous l'avons vu, la première condition lorsqu'on veut assainir un port est de déterminer d'une façon exacte l'état sanitaire du port.

Voyons donc quelle est la situation actuelle de la salubrité de Marseille.

Les habitations de cette ville sont généralement mal installées au point de vue de l'hygiène.

Les caisses à eau qui servent à l'alimentation des ménages sont placées dans de très mauvaises conditions. Le même réservoir alimente le robinet de la cuisine et la cuvette du cabinet d'aisances. Il en résulte que ce déversoir est en communication directe avec la cuvette au moment où l'on ouvre la soupape.

Le dernier dénombrement, celui de 1886, a établi que la ville de Marseille compte 32,653 maisons.

Sur ce chiffre, 5,000 maisons sont desservies par des tinettes filtrantes ; 4,000 par des puisards, et 10,000 par des tinettes dites sèches.

13,600 immeubles sont dépourvus de toute espèce d'appareil.

Un grand nombre de maisons pauvres n'ont pas de lieux d'aisances, et à l'exception d'un petit nombre de logements, les cabinets n'ont que des cuvettes sans appareil de chasse, sans obturateurs hydrauliques, sans tuyau de ventilation.

Les différents systèmes de vidange employés actuellement et depuis de longues années sont tous plus ou moins défectueux. Ces systèmes sont les suivants :

Le jet direct au ruisseau.

La fosse fixe.

L'éponge.

La tinette étanche.

La tinette filtrante laissant aller le liquide à l'égout, au ruisseau ou à l'éponge.

Le puisard placé sous le trottoir laissant aller le liquide à l'égout.

La fosse Mourras.

Le jet direct à la rue ou au ruisseau est interdit, mais il existe de fait dans presque tous les quartiers pauvres.

Pour se mettre en règle avec l'administration, le propriétaire fait placer une tinette dans la cave ou au niveau de la toiture ; mais il ne la fait jamais enlever et les locataires sont bien obligés de ne pas s'en servir ; c'est ce qu'on appelle la *tinette sèche.* Ces maisons naturellement n'ont pas de cabinet d'aisances.

Il existe un certain nombre de *fosses fixes*, placées dans des cours ou des jardins. Elles servent souvent en commun à tous les locataires de la maison qui n'ont pas de cabinets dans leur appartement et qui viennent y vider directement.

A proximité de ces fosses, il y a presque toujours des puits qui servent à l'alimentation, pendant l'été surtout, à cause de la fraîcheur de leur eau.

La *tinette étanche* existe généralement dans les maisons non pourvues de cabinet d'aisances.

Tous les locataires viennent y vider leurs vases ; elle est enlevée régulièrement par un entrepreneur de vidanges, au moyen de fourgons spéciaux.

La *tinette filtrante* est généralement adoptée dans les maisons ayant des cabinets avec cuvette à soupape et jet d'eau.

Elle est quelquefois placée à l'extérieur de la maison, dans l'épaisseur du mur de façade, dans une petite niche fermée paru ne porte donnant sur la rue.

Ces tinettes retiennent les matières solides et laissent passer les liquides qui s'écoulent très souvent dans les ruisseaux.

Dans les maisons où il existe des basses offices avec cour ou jardin, ces tinettes sont presque toujours placées dans les caves. Les liquides s'écoulent alors dans des puits perméables appelés *éponges*, qui reçoivent aussi les eaux ménagères.

Ces puits perméables sont fermés hermétiquement ; ils ne sont jamais curés ou nettoyés ; ils se vident par infiltration et ils con-

tribuent pour une large part à l'infection du sol et des eaux souterraines.

Viennent ensuite les *puisards* établis sous les trottoirs, à l'extérieur des maisons.

Ces puisards sont en maçonnerie, fermés par un tampon en fonte
perforé ; ils reçoivent directement toutes les matières provenant
des lieux d'aisances et toutes les eaux ménagères de la maison.

A 50 centimètres au-dessus du radier, ils sont munis d'une grille
qui retient les matières solides et laisse écouler les liquides à
l'égout.

Dans les rues où il n'y a pas d'égout, les puisards sont reliés à
l'égout le plus voisin par des canalisations particulières, construites
et entretenues par les propriétaires et qui échappent à toute sur-
veillance administrative. Ces canalisations sont presque toujours
en mauvais état.

Le réseau des égouts est très incomplet. Il a été exécuté sans
plan d'ensemble et, bien qu'il reçoive déjà de fait une partie des
vidanges, il est construit dans de très mauvaises conditions de
pente et de curage.

Le réseau est souvent composé de tronçons qui n'aboutissent à
rien.

Les collecteurs se déversent au plus près dans les ports, sur tout
le littoral, aux Catalans, à la plage du Prado, sur les points les
plus fréquentés, où se trouvent les plus belles promenades et les
principaux établissements de bains.

C'est pour remédier à cet état de choses que plusieurs projets
ont été proposés.

Il faut assainir l'habitation en se conformant aux règles de l'hygiène, créer un réseau complet d'égouts, qui puisse recevoir directement toutes les matières usées et les évacuer rapidement, sans
arrêt ni stagnation, sur un point du littoral éloigné de Marseille.

Comme je l'ai dit précédemment, deux conditions sont néces-
saires pour l'assainissement d'une ville : elle doit recevoir en quantité suffisante une eau potable à l'abri de toute souillure, et elle doit
écouler sans stagnation possible et rejeter au loin avant toute fermentation les matières impures et les eaux usées de la vie et de
l'industrie.

L'amenée des eaux de la Durance a donné la solution de la première partie du problème. Il y a lieu toutefois aujourd'hui d'empêcher quelques souillures de parvenir au canal de la Durance.

Il est bien entendu que l'on doit renoncer à l'usage des eaux de l'Huveaune pour les besoins domestiques.

On ne peut s'empêcher de constater, comme cela ressort du travail de M. Guérard, ingénieur en chef du port de Marseille, sur les dernières épidémies de choléra, que les eaux de l'Huveaune alimentent précisément les quartiers dans lesquels les épidémies de 1884 et 1885 ont fait le plus de victimes.

Les quartiers en effet qui ont été le plus éprouvés sont ceux de l'Hôtel de Ville, du Marché des Capucins, de l'Hotel-Dieu, de l'Arc de triomphe, de la Bourse. c'est-à-dire les vieux quartiers.

Or les eaux de l'Huveaune sont distribuées exclusivement dans les vieux quartiers :

Une branche alimente la région située au nord du vieux Port et derrière la Bourse.

Une autre, les quartiers situés au sud des rues de Noailles, de Cannebière et du vieux Port.

Quant à la seconde partie du programme, le projet dit Cartier a pour but d'en combler les *desiderata*.

Est-il possible d'admettre, surtout si l'on accepte *le tout à l'égout*, de continuer à jeter les matières excrementitielles d'une ville de 400.000 habitants sur les points les plus fréquentés de son littoral, notamment dans l'anse des Catalans, sur la plage du Prado où il n'y a ni fond ni courant, où, comme je l'ai déjà dit, se trouvent les plus belles promenades et les principaux établissements de bains.

Le projet, dit des ingénieurs, qui amène aux Catalans une partie des égouts, améliore évidemment la situation du vieux Port et du canal de la Douane, mais il ne change rien à l'état des ports Nord qui sont cependant aussi très infects ; le port de la Joliette, recevant actuellement une partie des égouts de Marseille, et celui de la gare maritime recevant le ruisseau de l'abattoir.

En outre il ne modifie en rien la situation du Jarret ni celle de la plage du Prado qui continuera à être de plus en plus souillée par les égouts qui s'y déversent.

Il est nécessaire de faire subir un changement radical à tous les systèmes de vidange existant à Marseille, qui, comme nous l'avons dit, sont tous aussi défectueux les uns que les autres et qui rendent également insalubres les maisons et la cité.

Pour assainir la ville, on doit créer un réseau d'égouts qui puisse recevoir directement les matières usées et qui les transporte au loin, en dehors de ce courant circulaire qui se meut dans l'intérieur du golfe, ramenant constamment au rivage toutes les matières flottantes.

On ne saurait songer, au moins en ce moment, à utiliser sous forme d'irrigation, les eaux d'égout aux environs de Marseille.

Le territoire, occupé presque entièrement par des propriétés d'agrément, s'y prête peu.

Quant aux steppes de la Crau, le terrain, constitué par une couche perméable extrêmement mince, 40 à 50 centimètres, placé sur un fond imperméable, est tout à fait défavorable.

Ajoutons que la Crau est à 60 kilomètres de Marseille par chemin de fer, et qu'il faudrait élever les eaux à 150 mètres, à moins de se servir du tunnel de la Nerth (cote 55 mètres), ce que ne permettrait pas la compagnie P. L. M. D'ailleurs, il ne faut pas compliquer en ce moment la question du problème sanitaire. Plus tard, si l'on trouve à utiliser une partie de ces eaux, on pourra toujours établir sur un point du collecteur, aux abords de l'Huveaune par exemple, une machine élévatoire pour élever le volume dont on pourrait avoir besoin.

La ville sera divisée en bassins dont les limites seront données par la configuration du sol.

Sous chaque rue, sous chaque impasse, il sera construit un égout ou une canalisation qui recevra directement tous les écoulements des habitations riveraines.

Ces égouts s'écouleront rapidement et sans arrêt, en suivant la ligne la plus courte, dans un collecteur secondaire qui sera construit dans la partie basse de chaque bassin, dans les conditions de pente et de section assurant l'écoulement rapide et sans arrêt vers le grand collecteur émissaire.

De grands réservoirs seront établis sur les points culminants, de manière à produire fréquemment des chasses et des lavages énergiques dans tous ces égouts.

La ville dispose d'un volume d'eau pour ainsi dire illimité.

Le canal prend à la Durance 14 mètres cubes à la seconde ; et amène dans la ville, pour l'alimentation des services publics, 2.500 litres à la seconde avec une pression suffisante pour desservir les habitations les plus élévées.

Pour le lavage des égouts, on peut ajouter les eaux des ruisseaux de Plombières, du ruisseau de Caravel, ou des Aygalades, du ruisseau de Jarret, de la rivière l'Huveaune ; ces eaux, salies par les égouts qui s'y jettent, seront cependant utiles pour assurer le bon fonctionnement des collecteurs.

Le *grand égout émissaire* projeté traverse la ville dans toute sa longueur, à une profondeur assez grande pour recevoir les égouts collecteurs secondaires, et débouche en pleine mer, au delà des collines de Marseille Weyre, dans la calanque de Courtiou.

Ce collecteur a son origine à Arrenc; il suit presque une ligne droite en passant sous la route d'Aix, sous la rue d'Aix, sous les cours Belzunce et Saint-Louis, sous la rue de Rome, sous le *Prado* jusqu'au Rond-Point, sous l'Huveaune. Il continue en ligne droite jusqu'au village de Mazargues.

De ce point, le tracé s'incline à droite pour aboutir directement à la mer, dans la calanque de Courtiou. C'est le seul endroit de la côte où l'on puisse déverser sans inconvénient un semblable collecteur.

La calanque de Courtiou, en effet, est une côte abrupte, sans arbres, sans terre végétale, inhabitée et inhabitable. Ce sont des rochers à pic qui surplombent de grands fonds et contre lesquels passe un courant rapide, marchant presque toujours de l'Est à l'Ouest en se dirigeant au sud de Planier.

Toutes les matières seront entraînées vers la haute mer sans retour possible.

Le collecteur émissaire projeté, qui aura son origine au quartier d'Arenc, recevra les eaux du ruisseau de Plombières et du béal Magnan qui servent d'égouts à tous les quartiers excentriques situés au-dessus.

Il prendra à l'aide d'une machine élévatoire toutes les eaux des quartiers bas d'Arenc. Cette machine sera mise en communication directe avec la mer, pour pouvoir y puiser en cas de besoin.

Ainsi donc dès le début le collecteur sera toujours alimenté par des eaux indépendantes du canal de Marseille et dont le volume est d'environ 1,200 litres à la seconde.

Les ports Nord et tous les quartiers excentriques situés au bord de la ville se trouveront ainsi assainis.

L'émissaire recevra sur son parcours les collecteurs secondaires de tous les bassins.

Une machine élévatoire établie sur le quai Saint-Jean refoulera dans l'émissaire toutes les eaux des quartiers bas, situées autour du port.

Cette machine sera mise en communication avec la mer, afin de pouvoir faire des chasses avec l'eau de mer, en cas de chômage du canal.

Le vieux Port sera ainsi complètement assaini.

L'émissaire passe ensuite sous la rivière de l'Huveaune, toujours sans siphoner.

Il recevra le ruisseau de Jarret et l'égout du Prado qui infecte la rivière de l'Huveaune et la plage.

Les égouts de la Capelette de Saint-Giniez, de Sainte-Marguerite, de l'hospice, de Mazargues, seront conduits dans le collecteur.

Rien n'ira plus dans le golfe.

Les agglomérations et villages suburbains de Saint-Giniez, de Sainte-Marguerite et de Mazargues se trouveront donc assainis, en même temps que Marseille.

C'est donc l'assainissement complet de la ville, des faubourgs, des ports et de tout le littoral.

On a ménagé trois sorties et deux grands déversoirs de superficie qui fonctionneront toujours pendant le gros temps et à l'abri des lames.

L'écoulement de l'égout se trouve ainsi assuré, sans remous ni ralentissement, quelle que soit la hauteur des eaux et l'état de la mer.

On a émis à cet égard des craintes qui nous paraissent exagérées. La preuve est dans ce qui se passe dans la Cannebière, où les égouts débouchent au-dessous de O. Par leur vitesse acquise, les eaux d'égout se font un passage dans l'eau de mer. Il se forme un courant qui se maintient assez loin et assure l'écoulement.

Si, d'ailleurs, on avait à redouter un remous au moment des gros temps, il serait toujours possible d'élever à l'aide d'une machine les eaux d'égout pour les projeter en mer, à un niveau supérieur.

Les égouts existant sans communication avec les maisons et qui reçoivent seulement les eaux pluviales, seront conservés comme déversoirs, de façon à assurer l'écoulement des eaux d'orage.

En dehors des conditions techniques sur lesquelles nous n'avons pas compétence pour nous prononcer, ce projet nous semble résoudre le problème hygiénique; puisque le collecteur projeté recevant les matières usées de tous les quartiers, recevant les eaux des égouts qui en ce moment infectent les bassins des ports Nord, du vieux Port, du canal de la Douane, l'anse des Catalans et la plage, recevant les eaux des Aygalades, du Jarret, rejette toutes ces eaux très loin en mer. Il réalise donc l'assainissement de la

ville, des faubourgs, des ports, de tout le littoral, des agglomérations et des villages suburbains de Saint-Giniez, de Sainte-Marguerite et de Mazargues.

ASSAINISSEMENT DE TOULON (1)

L'assainissement de Toulon doit consister dans une évacuation bien entendue des vidanges et un aménagement convenable d'eaux tout à fait pures.

La vieille coutume du jet au ruisseau et dans la rue, est la première origine de l'infection de la ville.

On a cherché à supprimer cette cause, mais on n'a employé que des expédients qui loin de remédier au mal l'ont aggravé en multipliant les causes d'insalubrité.

Il faut bien reconnaître que l'habitude du jet au ruisseau a été en quelque sorte imposée à la population par les conditions d'habitation.

La ville, resserrée entre ses remparts, ne pouvant pas s'étendre, a été forcée de s'élever pour contenir une population trop nombreuse qui s'est entassée dans des logements trop étroits. Pour ne pas laisser séjourner dans l'unique chambre où se trouve souvent toute une famille, le récipient qui contient les déjections et les détritus de ménage, et qui aurait été un foyer d'infection, il a bien fallu vider le contenu dans le ruisseau, où coulait une assez grande quantité d'eau pour l'entraîner. Malheureusement aujourd'hui, les ruisseaux sont à sec, dans une grande partie de la ville.

Pour remplacer le jet au ruisseau, on a voulu établir des fosses d'aisances et des tinettes, ou bien d'autres moyens d'évacuation des vidanges, pour les maisons qui ne se prêtaient pas à l'établissement des fosses.

Voyons ces différents systèmes :

Les fosses fixes établies dans quelques maisons neuves, ne sont jamais parfaitement étanches ; à la longue, des infiltrations se produisent et souillent la nappe d'eau qui alimente les puits ; en outre les tuyaux de chute sont mal faits, sans siphon obturateur, et des odeurs infectes se répandent dans toute la maison.

Le même vice de canalisation se retrouve dans les maisons où l'on a établi des tinettes mobiles dont le service et l'installation lais-

____

(1) Voir le rapport de MM. Brouardel et Brouiquel sur l'assainissement de Toulon.

sent beaucoup à désirer : on voit même des maisons pourvues de
tinettes à système diviseur dont le liquide s'écoule dans un ruisseau
qui ne reçoit jamais une goutte d'eau.

Enfin pour l'évacuation des vidanges, dans les maisons dépourvues
de tout appareil, et où les matières sont placées dans des vases de
poteries nommées *toupines,* on a installé des tonneaux roulants,
qu'on a baptisés du nom de *torpilleurs.* Ce sont de grandes caisses
en tôle traînées par un cheval, et qui parcourent toutes les rues,
aux heures ou elles sont le plus fréquentées ; à l'appel de la cloche
qu'agite le véhicule, toutes les ménagères se mettent en course,
portant leur offrande dans des récipients non fermés ; un gamin
perché à l'arrière ouvre le trou, et encaisse tout ce qu'on lui présente, avec une insouciance qui en laisse perdre une bonne partie ;
les récipients sont ensuite rincés dans la rue.

On imagine facilement ce que répand d'odeur et de saletés un
pareil transvasement, sans compter que le torpilleur mal fermé
laisse échapper son contenu par de nombreuses fissures, quand il ne
se vide pas en plus grande quantité par l'orifice, à la suite d'un cahot.

Ajoutons que, malgré tout, il y a encore de nombreuses infrac-
tions, et le retour fréquent aux vieilles habitudes ; que les enfants
ne vont pas ailleurs que dans la rue et sur les trottoirs, qu'un balayage mal fait, et l'habitude d'arroser la rue avec l'eau contami-
née des ruisseaux ne servent qu'a étendre les immondices sur le
sol, dans lequel ils s'infiltrent facilement par les larges interstices
des pavés mal joints. On comprend dès lors que le simple déplace-
ment d'un pavé donne lieu à un dégagement de miasmes délétères,
dans un sol aussi profondément infecté.

De la ville, la contamination s'étend au port ; tous les ruisseaux,
avec ce qu'ils charrient, se rendent dans la darse, dont les eaux ne
sont jamais remuées par la mer du large ; il s'y fait un épais dépôt
de limon infect que soulèvent à chaque instant les bateaux qui
abordent au quai.

A cet état de choses quel peut être le remède ? A notre avis, il
n'y en a qu'un seul, l'établissement du tout à l'égout, avec abon-
dante distribution d'eau. La disposition de la ville, le voisinage de
la mer permettent la création d'un réseau complet d'égouts. Deux
ou trois collecteurs, dirigés de Ouest à l'Est, recevront tous les canaux secondaires. A l'ouest de la ville, dans l'intérieur même de
l'arsenal, une pompe foulante établirait de fortes chasses, à l'eau de
mer, dans tous les canaux dont la pente ne serait pas suffisante.

Toute la canalisation viendrait aboutir à l'est de la ville, sur la côte du cap Brun, en pleine mer, où serait établie une pompe aspirante, soit pour rejeter les détritus et les eaux contaminées dans la mer, en dehors de la rade, soit pour les répandre en irrigations sur les terrasses des environs.

Avec toutes les facilités possibles pour se débarrasser des immondices, on ne serait plus tenté ni de les garder chez soi, ni de les descendre dans la mer ; avec de l'eau en abondance, on ne serait plus forcé de la ménager pour ne pas remplir trop vite les récipients ; on pourrait laver à grande eau les conduits et les canaux et faciliter l'entraînement des immondices dans les égouts.

L'établissement du réseau d'égouts devra coïncider et concorder avec les modifications apportées au plan de la ville.

On devra faire disparaître, ou au moins assainir, les vieux quartiers, en perçant de larges voies, plantées d'arbres, qui laisseront pénétrer à flots l'air et la lumière dans ces rues aujourd'hui étroites et malsaines.

Toulon sera alors un port militaire salubre et propre avec ses casernes et ses arsenaux convenablement établis.

Cette transformation n'est certainement pas l'œuvre d'un jour ; mais qu'on adopte un plan sérieux et bien étudié, à l'exécution complète duquel on consacrera chaque année les ressources disponibles, on arrivera ainsi à assurer la salubrité de la ville dans un temps assez rapproché, et on aura fait une œuvre utile pour Toulon et pour la France entière, qui n'auront plus à craindre le retour des épidémies trouvant actuellement un terrain favorable à leur éclosion.

CONCLUSIONS

Il est du devoir strict des gouvernements et des municipalités d'assainir les ports.

L'assainissement des ports s'impose plus encore que l'assainissement d'une ville quelconque.

C'est seulement lorsque les ports seront assainis que l'on verra diminuer dans une proportion considérable la mortalité par maladies infectieuses.

C'est seulement alors que les ports présentant un terrain réfractaire à la pénétration des germes morbides exotiques, on pourra supprimer complètement les dernières entraves quarantenaires.

Imprimerie Edmond Monnoyer.

LES ANNALES ÉCONOMIQUES

ANCIENNE *FRANCE COMMERCIALE*

La Revue paraît le 5 et le 20 de chaque mois

CONDITIONS D'ABONNEMENT

Paris : Un an, **20** fr.; Départements : Un an, **22** fr.
Étranger : Un an, **24** fr.

Les Abonnements partent du 5 de chaque mois

On s'abonne sans frais dans tous les Bureaux de poste de France et de l'Union postale.

Ce Recueil est honoré de Souscriptions des Ministères du Commerce et de l'Industrie, de l'Agriculture, de la Marine et des Colonies, du Conseil municipal de Paris, des Grandes Administrations de l'État et des Principales Écoles de Commerce de France et de l'Étranger.

ARMAND MASSIP, *Directeur-Gérant*;
EMILE BERR, membre de la Société d'économie politique, *Rédacteur en chef.*

COMITÉ DE RÉDACTION :

MM.

BARBE, ✳, député; BARBEY, ✳, sénateur; BURDEAU, ✳, député; E. CHABRIER, O ✳, administrateur de la Compagnie générale transatlantique; G. COMPAYRE, ✳, et PAUL DESCHANEL, députés; LÉON DONNAT, O ✳, membre du Conseil municipal de Paris; EUGÈNE ÉTIENNE, FÉLIX FAURE, ✳, FERNAND FAURE, députés; FOURNIER DE FLAIX, publiciste; GERVILLE-RÉACHE, député; ISAAC, sénateur; JAMAIS, JAURÈS, députés; JOURDAN, ✳, directeur de l'École des Hautes Études commerciales; DE LANESSAN, député; E. LEVASSEUR, O ✳, membre de l'Institut; A. PRADON, député; ARTHUR RAFFALOVICH, ✳, publiciste; A. RENOUARD, vice-président de la Société industrielle du nord de la France; JULES RUEFF, ✳, armateur; SABATIER, député; YVES GUYOT, député.

CORRESPONDANTS ÉTRANGERS :

MM.

I.-H. LÉVY, de Londres; M. MATAJA, professeur à l'Université de Vienne (Autriche); VAN HOUTEN, membre de la deuxième chambre des États Généraux de la Haye; J. WEILLER, ingénieur aux charbonnages de Mariemont et Bascoup (Belgique).

Les Annales Economiques *contiennent, indépendamment de la publication régulière d'études originales dues à la plume autorisée des écrivains qui composent le Comité de Rédaction, la reproduction et le commentaire des principaux articles de Revues et de Journaux et des documents officiels récemment publiés; les comptes rendus de conférences; l'analyse des ouvrages nouveaux; et — dans une* **Revue Économique** *générale — l'ensemble des informations relatives au mouvement industriel et commercial de la France et de l'Étranger.*

Aux mains de tous ceux qu'intéressent les questions économiques, elles constituent un résumé complet, une sorte de memento *raisonné de tout ce qui s'est dit ou écrit d'important ou d'original sur ces questions, pendant la quinzaine écoulée.*

Les **Annales Economiques** *paraissent en livraisons de 100 pages; elles forment donc un volume de 1,200 pages, chaque semestre.*

Grâce au prix très modique de l'abonnement, elles constituent le plus avantageux des ouvrages de vulgarisation économique qui ait été créé jusqu'ici.

Le Mans. — Typographie Edmond MONNOYER.